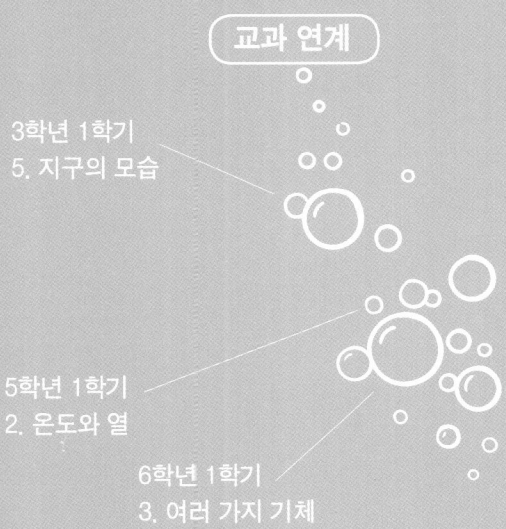

교과 연계

3학년 1학기
5. 지구의 모습

5학년 1학기
2. 온도와 열

6학년 1학기
3. 여러 가지 기체

글·그림 백명식

강화에서 태어나 서양화를 전공하고 출판사 편집장을 지냈습니다. 어린이들이 좋아하는 책을 쓰고 그릴 때 행복하답니다. 쓰고 그린 책으로는 《돼지 학교》 시리즈, 《인체 과학 그림책》 시리즈, 《맛깔 나는 책》 시리즈, 《저학년 스팀 스쿨》 시리즈, 《명탐정 꼬치》 시리즈, 《냄새 나는 책》 시리즈, 《미생물 투성이 책》 시리즈, 《좀비 바이러스》 시리즈, 《안녕! 한국사》 시리즈, 《나는 나비》 등이 있습니다. 소년한국일보 일러스트상, 소년한국일보 출판부문 기획상, 중앙광고대상, 서울 일러스트상을 받았습니다.

감수 와이즈만 영재교육연구소

창의 영재수학과 창의 영재과학 교재 및 프로그램을 개발했습니다. 구성주의 이론에 입각한 교수학습 이론과 창의성 이론 및 선진 교육 이론 연구 등에도 전념하고 있습니다. 국내 최고의 사설 영재교육 기관인 와이즈만 영재교육에 교육 콘텐츠를 제공하고 교사 교육을 담당하고 있습니다.

① 마카롱 시장님의 사건 의뢰

1판 1쇄 발행 2021년 11월 20일
1판 2쇄 발행 2024년 6월 20일

글·그림 백명식 | **발행처** 와이즈만 BOOKs | **발행인** 염만숙
출판사업본부장 김현정 | **편집** 원선희 양다운 이지웅
디자인 위드 | **마케팅** 강윤현 백미영 장하라

출판등록 1998년 7월 23일 제1998-000170 | **제조국** 대한민국
주소 서울특별시 서초구 남부순환로 2219 나노빌딩 5층
전화 마케팅 02-2033-8987 편집 02-2033-8928 | 팩스 02-3474-1411
전자우편 books@askwhy.co.kr | **홈페이지** mindalive.co.kr | **사용 연령** 8세 이상
ISBN 979-11-90744-49-2

ⓒ 2021, 백명식
이 책의 저작권은 백명식에게 있습니다.
저자와 출판사의 허락 없이 내용의 일부를 인용하거나 발췌하는 것을 금합니다.
잘못된 책은 구입처에서 바꿔 드립니다.

와이즈만 BOOKs는 (주)창의와탐구의 출판 브랜드입니다.
KC마크는 이 제품이 공통안전기준에 적합하였음을 의미합니다.

기후 위기 해결사
사이다 탐정
❶ 마카롱 시장님의 사건 의뢰

백명식 글·그림
와이즈만 영재교육연구소 감수

등장인물

사이다 탐정

탐정 학교 1기를 수석으로 졸업한 뒤, 헬스푸드시에서 탐정으로 일하고 있다. 사이다처럼 시원하고 명쾌한 성격이다. 가장 기분 좋은 순간은 사건을 해결하고 톡 쏘는 사이다를 하늘에 닿을 만큼 시원하게 내뿜을 때!

버거

사이다 탐정의 친구이자 조수. 가업을 이어 밀 농사를 지을 뻔했지만 우연히 사이다 탐정을 만난 후 탐정이라는 직업에 매력을 느끼고 헬스푸드시에 오게 됐다. 얼핏 보면 조금 둔해 보이지만, 중요한 순간에 사이다에게 도움을 주는 존재.

봉이

무엇이든 고쳐 주고 만들어 주는 만능 키! 기발한 발명품으로 사이다 탐정을 도와준다. 부엉이라서 보통은 낮에 자지만, 호기심 많은 성격으로 흥미로운 일이 있으면 언제든지 열일하는 워커홀릭.

마카롱 시장

자신이 만든 마카롱을 시민들이 맛있게 먹을 때 가장 행복하다. 모두에게 친절하지만, 감정 기복이 심한 편.

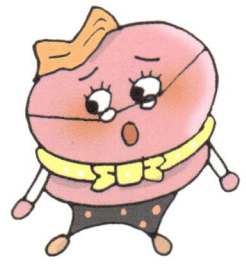

뭉개 사장

헬스푸드시에서 대규모 공장을 운영하고 있다. 패션에 관심이 많은 시민들에게 꼭 필요한 존재.

마카롱 시장님의 방문

이른 아침부터 햇볕이 쨍쨍! 오늘도 헬스푸드시의 하루가 시작되었어요.

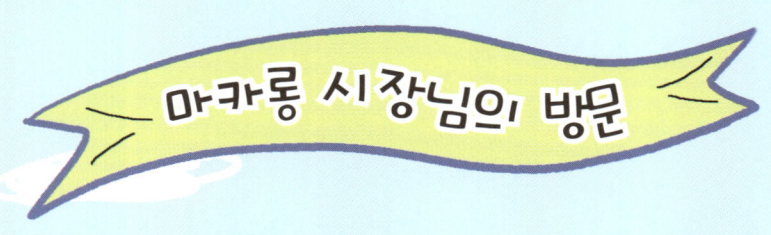

헬스푸드시에서는 주말마다 신나는 축제가 열려요. 값싸고 예쁜 옷과 맛있는 음식도 가득하죠. 헬스푸드시 시민들은 모든 게 만족스러웠어요. 단 한 가지 날씨가 더운 것만 빼고 말이에요.

헬스푸드시의 사건 사고를 책임지는 사이다 탐정도 뜨거운 햇볕을 피해 '다람 카페'에 앉았어요. 사이다 탐정은 시원한 사이다를 마시며 주민들을 관찰하는 이 시간을 가장 좋아했어요.

그때 사이다 탐정의 조수이자 친구인 버거가 카페로 들어왔어요. 사이다 탐정이 버거에게 물었죠.
"버거, 저 남자 직업이 뭔지 알겠어?"
버거는 인사할 틈도 없이 고민에 빠졌어요.

흠, 버거 속 재료를 찾듯이 예리한 관찰력으로!

퀴즈 버거가 추리한 남자의 직업은 무엇일까요?

방역 요원

작가

화학자

도둑

사이다 탐정과 버거가 다람 카페에서 나와 탐정 사무소로 향했어요. 그새 거리는 더 뜨거워졌어요. 태양은 이글이글 타오르고, 숨은 턱턱 막혔죠.

88쪽에서 정답을 확인해 보세요.

사실 헬스푸드시의 날씨는 몇 년 전부터 심상치 않았어요. 어느 해는 봄부터 석 달 내내 장마가 오는가 하면, 작년에는 가뭄으로 농작물이 말라 죽어 햄버거에 넣을 토마토가 부족할 정도였지요. 올해는 열대야까지 기승을 부렸어요.

탐정 사무소에 도착한 사이다 탐정과 버거가 막 땀을 식히려던 참이었어요. 그때 헬스푸드시의 멋쟁이 마카롱 시장님이 문을 벌컥 열었어요.

"시장님, 무슨 일 있으신가요? 일단 이쪽으로!"

마카롱 시장님이 초조한 표정으로 말했어요.

"이 일을 사이다 탐정님에게 말해도 될지 잘 모르겠지만…… 내가 시민들에게 마카롱을 나눠 주는 것 알고 있지요?"

"물론이죠. 시장님의 마카롱은 힐스푸드시의 자랑인걸요. 달콤하고 쫀득한 맛이 일품이죠!"

그러자 시장님이 사이다 탐정과 버거에게 마카롱을 내밀었어요.

으, 흐물흐물하고 찐득거려.

맙소사……. 저에게 무시무시한 일이 벌어지고 있어요.

"흠, 누군가가 시장님의 마카롱을 망치고, 축제까지 훼방 놓는다고 생각하시는 거죠?"

사이다 탐정이 마카롱 시장님의 마음을 단번에 알아챘어요. 마카롱 시장님은 이미 사건을 해결한 듯 감동한 표정이었죠.

사이다 탐정이 마카롱 시장님을 진정시키며 물었어요.
"시장님, 대체 무슨 일이 있었는지 자세히 말씀해 주시겠습니까?"

마카롱 시장님이 한숨을 푹 내쉬며 말했어요.
"어제 '6월의 모자왕' 축제가 있지 않았겠어요? 축제에 참가한 시민들에게 마카롱을 나눠 주려고 보니 이렇게 망가져 있지 뭐예요?"

마카롱 시장님이 어제 일을 되짚어 보며 말했어요.
잠시 감정이 복받치는 듯 울먹이기도 했지요.

"집에 돌아와 다시 만들고 또 만들어 봐도 어느 순간 마카롱의 모양이 흐트러졌어요."

사이다 탐정의 질문이 이어졌어요.

"마카롱을 만드는 동안 누가 집에 찾아왔었나요?"

"아니요."

"평소와 다른 재료나 양을 넣지는 않았나요?"

"절대로요."

"알겠습니다. 쉽지는 않겠지만 범인을 찾아보죠."

"고맙습니다, 사이다 탐정님."

0월 0일 사건 접수
의뢰인: 마카롱 시장님

내용: 마카롱을 망치고 축제를 방해한 범인을 찾아 주세요.

마카롱 시장님이 돌아간 후 사이다 탐정과 버거가 서둘러 차에 탔어요.
"마카롱에 다른 물질이 들어갔는지 알아보고 싶어!"
버거가 자동차 액셀을 밟았어요.
"출발!"

사이다 탐정과 버거가 찾아간 곳은
헬스푸드시의 천재 발명가 봉이의 연구소였어요.

봉이야, 마카롱 성분을 분석해 줄래?

이상한 물질은 발견되지 않았어요. 그사이 마카롱은 더 녹아내렸어요. 순간 사이다 탐정의 눈빛이 반짝였지요.

나가자! 확인해 보고 싶은 게 있어.

사이다 탐정이 봉이네 앞마당에서 요란하게 몸을 흔들며 모자를 벗자 사이다가 솟아올랐어요. 그런데 시원하고 톡 쏘는 탄산이 아니라, 뜨뜻미지근하고 김이 다 빠진 밍밍한 탄산이지 뭐예요?

사이다 탐정의 표정이 심각해졌어요.
"역시 내 생각이 맞았어. 마카롱을 망친 건 더위야. 내 몸도 더위 때문에 온도가 올라가 탄산이 줄어든 것이고."

"그러고 보니 헬스푸드시의 폭염 현상은 매년 더 심해졌던 것 같아. 이런 기후 위기는 지구 온난화 때문인데……."

사이다 탐정의 혼잣말에 봉이가 동그란 눈을 더 크게 뜨며 말했어요.

"기후 위기가 지구 온난화 때문이라고요?"

사이다 탐정이 어두운 표정으로 대답했어요.

"응, 온실 효과로 인해 지구 온난화가 계속된다면 기후 위기는 더 심각해질 거야."

"온실 효과를 막으려면 온실가스부터 줄여야 하지 않을까요?"

봉이가 두꺼운 책을 펼쳐 보며 말했어요.

"이산화 탄소가 공장에서 많이 나온다고? 헬스푸드 시에 공장은 딱 하나뿐인데?"

버거가 매일매일 시커먼 연기를 내뿜는 '멋지다 공장'을 떠올리며 말했어요.

바보인 듯 천재인 듯 알쏭달쏭하단 말야.

경찰서에서 조사가 시작되었어요. 사이다 탐정은 어리둥절했어요.

"마침 저도 사건 의뢰가 들어와 조사 중이었습니다. 그런데 제가 기후 위기의 주범이라니요? 저는 잘못을 저지른 적이 없습니다만."

소시지 경찰이 사진을 건넸어요.

사이다 탐정님이 내뿜는 탄산이 지구 온난화를 일으켜 헬스푸드시가 더워졌다는 제보를 받았습니다.

"제 몸에 든 것이 지구 온난화를 일으키는 이산화 탄소인 것은 맞습니다. 하지만 ……."
사이다 탐정이 곰곰 생각에 잠겼어요.

그런데 이게 무슨 일이죠? 갑자기 사이다 탐정이 경찰서를 빠져나갔어요!

그때 경찰서 밖에서 사이다 탐정을 엿보던 누군가가 깜짝 놀라 달아났어요. 사실 사이다 탐정은 처음부터 누군가가 자신을 지켜보고 있는 걸 눈치채고 있었어요. 물론 그게 뭉개 사장이란 것도 말이죠.

뭉개 사장이 비상 스위치를 누르자 자동차 배기구에서 시커먼 매연이 뿜어져 나왔어요.

쳇! 이래도 따라올래?

퀴즈

사이다 탐정이 지름길로 뭉개 사장을 쫓아가려고 해요. 장애물을 피해 가 보세요.

그런데 뭉개 사장은 어디에도 보이지 않았어요. 뭉개 사장을 놓친 걸까요?

새로운 증거

뭉개 사장이 공장 앞에 차를 세웠어요.
그러고는 재빨리 공장으로 뛰어 들어갔어요.

혹시 모르니 증거를 없애야겠군.

뭉개 사장,
너무 늦은 거 아니야?

너희들이 어떻게!

"난 폭염의 원인을 조사하려던 것뿐인데 이것 때문에 나에게 누명을 씌운 거야?"

사이다 탐정이 뭉개 사장의 금고를 활짝 열었어요. 금고에는 그동안 헬스푸드시에서 받은 경고장과 공장 불법 운영에 관한 서류가 가득했지요.

뭉개 사장이 한발 앞서 밖으로 나왔어요. 하지만 봉이와 경찰들이 공장 앞에서 기다리고 있었어요. 봉이가 스마트패드를 들고 웃었어요.

"내가 발명한 프로그램으로 비밀 경로를 찾았지!"

사이다 탐정은 경찰들을 향해 소리쳤어요.

"기후 위기의 주범은 뭉개 사장입니다! 저 자를 체포하세요!"

결국 경찰은 사이다 탐정과 뭉개 사장을 모두 붙잡았어요.

사이다 탐정과 뭉개 사장 둘 다 상대방이 기후 위기의 주범이라고 주장하니 법정에서 가릴 수밖에요.

사이다 탐정과 뭉개 사장의 소식이 헬스푸드시에 퍼졌어요. 마을의 궂은일을 처리해 주던 사이다 탐정과 멋진 옷을 만드는 뭉개 사장이 마을을 해치고 있었다니! 헬스푸드시 시민들이 놀라는 것은 당연했어요.

퀴즈

법정에 들어가기 위한 추첨을 해요. 2의 배수이면서 3의 배수인 숫자 공을 가진 시민이 입장하는 거예요. 조건에 맞는 숫자 공을 모두 찾아보세요.

추첨에 당첨된 시민들이 법정 안으로 잇따라 들어왔어요. 텅 비었던 법정 안이 금세 가득 찼어요.

마카롱을 녹인 진짜 범인

기후 위기의 범인을 찾는 재판이 시작되었어요. 공정한 브로콜 판사가 사이다 탐정에게 질문했어요.

"사이다 탐정은 기후 위기의 주범인 것을 인정합니까?"

"판사님, 제 몸속에 이산화 탄소가 있는 것은 맞습니다. 하지만 숨을 내쉴 때 누구나 이산화 탄소를 내보낸다는 것을 아시나요? 지금 이 순간에도 말이죠."

저는 수많은 사이다 중 한 캔일 뿐이에요.

사이다 탐정이 목소리를 높였어요.

"심지어 적당한 이산화 탄소는 지구가 따뜻한 온도를 유지하게 하는 데 꼭 필요한 존재입니다. 문제는 이산화 탄소가 너무 많이 배출되는 것이죠. 그런데 왜 이산화 탄소 같은 온실가스의 양이 늘어났을까요?"

사이다 탐정이 그동안 조사했던 자료를 공개했어요.
"처음 이 사건을 맡은 것은 시장님의 마카롱을 망친 범인을 찾기 위해서였습니다. 그리고 사건을 조사하면서 폭염 때문에 마카롱이 녹은 것을 알게 되었죠."

 사이다 탐정은 뭉개 사장이 지은 죄를 조목조목 짚어 가며 설명했어요.
 "뭉개 사장의 공장은 헬스푸드시에서 많은 양의 온실가스를 배출하고 있습니다. 뭉개 사장은 시장님의 녹은 마카롱을 보고 공장으로 날아온 경고장이 떠올랐을 거예요. 하지만 돈을 더 많이 벌기 위해 공장을 불법으로 운영하고, 저에게 누명까지 씌우려고 한 것입니다."

공정한 브로콜 판사가 이번에는 뭉개 사장에게 질문했어요.

"뭉개 사장은 기후 위기를 일으키고, 헬스푸드시에 해를 입힌 것을 인정합니까?"

뭉개 사장은 아무 말도 할 수 없었어요. 사이다 탐정의 주장이 모두 사실이었거든요. 재판은 뭉개 사장의 책임으로 끝나는 듯했어요.

헬스푸드시 주민들은 우리 공장 옷들을 좋아했는데…….

그때였어요. 사이다 탐정이 벌떡 일어났어요. 뭉개 사장의 죄가 더 있는 걸까요?

뭉개 사장의 공장에서 만든 옷은 헬스푸드시에서 날개 돋친 듯 팔립니다. 그만큼 쓰레기장에는 멀쩡한 물건들이 버려져 쌓이죠. 주민들이 새로운 물건을 쉽게 사고, 또 쉽게 버리지 않았다면 뭉개 사장의 공장이 매일매일 운영될 수 있었을까요?"

"헬스푸드시 시민 전체가 매일 물건을 사들이는 게 과연 기후 위기와 관련이 없을까요? 몇 년 후 헬스푸드시에 쓰레기 산이 만들어지고, 날씨는 더 더워져도 괜찮나요?"
사이다 탐정의 질문에 법정 안에는 무거운 공기가 흘렀어요.

판사들의 회의가 이어졌어요. 잠시 후 브로콜 판사가 말했어요.

"뭉개 사장이 잘못한 것은 분명하지만, 또 혼자만의 잘못은 아니라고 판단됩니다. 그동안 헬스푸드시는 즐겁게 지내는 것만 생각하고, 그로 인한 환경과 기후 문제에는 관심이 적었습니다. 그래서……."

뭉개 사장이 침을 꼴깍 삼켰어요.

뭉개 사장은 감옥에 가는 거야?

"뭉개 사장은 벌금을 내는 대신, 친환경 공장을 꾸리세요. 또한 법을 지키며 공장을 운영해야 합니다. 시민들은 헬스푸드시의 기후 위기를 막기 위한 방법을 고민하고 실천하기 바랍니다!"

다음 날도 그 다음 날도 헬스푸드시의 날씨는 여전히 무더웠지만, 시민들의 모습은 예전과 달랐어요. 기후 위기를 막기 위한 방법을 고민하고 행동했지요.

뭉개 사장은 그동안의 잘못을 뉘우치고 태양광 에너지를 이용한 친환경적인 공장을 만들었어요. 물론 더 이상 불법을 저지르지도 않았답니다.

7월 둘째 주에는 '바캉스 룩 패션쇼' 대신 '플리 마켓'이 열렸어요. 시민들은 안 쓰는 물건들을 가져왔어요. 모두 새것이거나 새것처럼 깨끗한 것들이었죠.

어느 날이었어요. 누군가 탐정 사무소의 문을 두드렸어요. 새로운 의뢰인일까요?

아하, 마카롱 시장님이었네요. 시장님은 대형 마카롱 케이크를 사이다 탐정과 버거에게 선물했답니다.

탐정 일지

시장님의 마카롱을 녹인 범인은 헬스푸드시 시민들이었다. 여름이라 덥다고 생각했을 뿐, 기후 위기가 원인이었을 줄이야.
어쨌든 사건은 마무리됐고, 헬스푸드시 시민들은 기후 위기를 막기 위해 노력하고 있다. 온실가스 배출을 줄여 지구 온난화를 막을 수 있는 방법에는 또 뭐가 있을까?

1. 가까운 거리는 걸어 다니거나 자전거 이용하기
2. 에어컨보다 선풍기 이용하기
3. 일회용 컵보다 재사용이 가능한 텀블러 사용하기

내일은 시민들에게 새로운 방법을 더 알려줘야지.
참! 버거는 하루에 5개씩 먹던 햄버거를 3개로 줄인다나 뭐라나?
정말 효과가 있는 걸까?

퀴즈 정답

10~11쪽

42~43쪽

54~55쪽

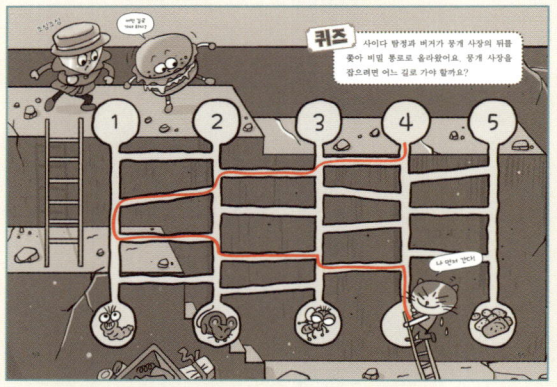

62~63쪽

78~79쪽

82~83쪽